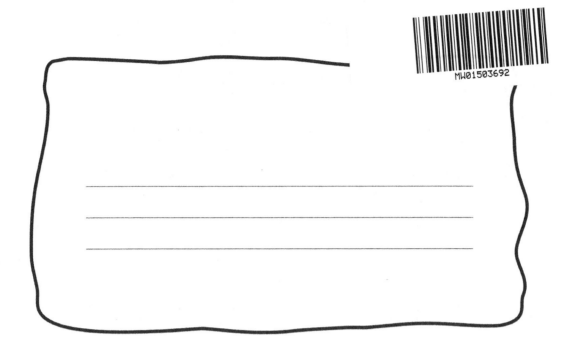

MERRY
blossoms
PRESS

Hi there!
If you enjoyed this
coloring book, please
don't forget to leave a
review on Amazon. Just a
simple review will help us
out a lot. Thank you! :)

Also available in this adult coloring book series....

Color Test Page

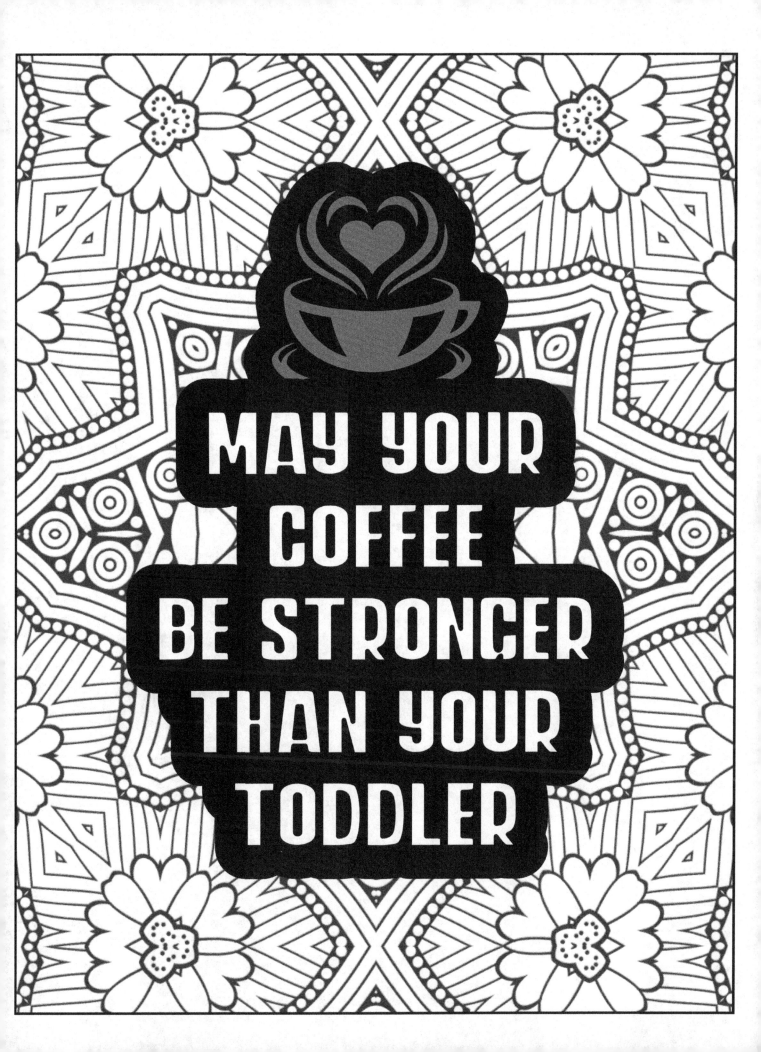

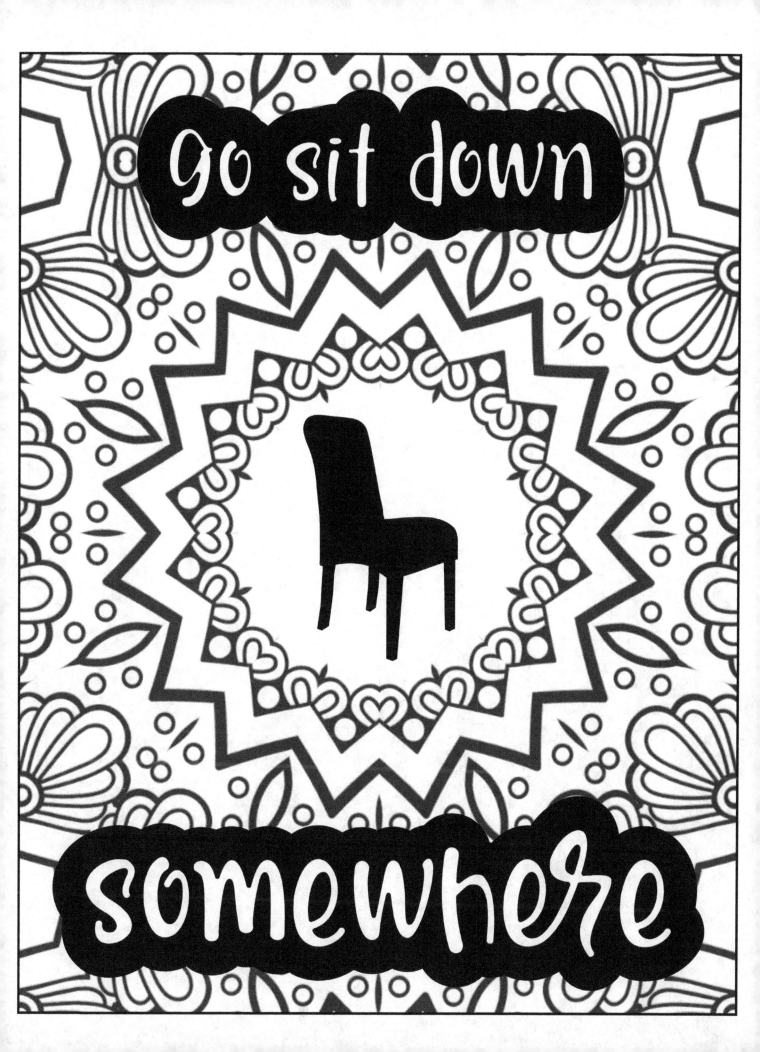

Bonus
Activity Pages
For Extra Fun!

WORD SEARCH #01

Mom, you're are...

A	L	O	O	C	G	E	T	R	A	M	S	V	Y	V
W	I	O	L	J	K	N	L	L	S	T	R	O	N	G
E	M	Q	V	X	J	Q	I	B	A	T	E	E	W	S
S	S	E	S	I	W	Z	E	T	A	I	G	H	L	W
O	N	J	S	J	N	H	B	J	O	I	C	C	G	E
M	K	F	N	Y	I	G	M	Z	Y	D	L	E	C	G
E	R	E	S	P	O	N	S	I	B	L	E	E	P	B
E	V	I	T	R	O	P	P	U	S	P	K	Q	R	S
T	H	O	U	G	H	T	F	U	L	E	S	L	U	H
W	O	N	D	E	R	F	U	L	K	S	X	F	U	X
T	I	D	C	X	G	B	B	S	V	Y	B	J	F	S
N	L	G	K	I	Q	D	Z	S	Y	F	D	P	U	C
P	M	L	M	I	L	S	V	U	G	X	F	I	V	S
V	Y	X	S	K	G	C	O	V	R	R	H	M	K	O
T	E	X	M	O	M	V	B	O	V	C	E	Y	B	T

AWESOME

COOL

DOTING

LOVING

RELIABLE

RESPONSIBLE

SMART

SPECIAL

STRONG

SUPPORTIVE

SWEET

THOUGHTFUL

WISE

WONDERFUL

WORD SEARCH #02

Mom, you are...

```
G D E S S E L B C K I N D H P
T N L O V E D E R A S P Q Z D
H N I X G M V A E A R K E E S
A I A Z J P E U O S V I A K U
R N P G A G D T U X F E N I J
D S Z R E M K I G S M E X G N
W P Y Z O L A F D E T O V E D
O I M B J T E U H N L R F M Q
R R Q J Q S E L F L E S S V M
K I Z L U F E C R U O S E R Y
I N M Z K F C O T L Y Q W I G
N G B L R C E Y W I V L N D D
G R R Y Z T K P L T V T V I A
S U U F Z V M A I K C E S O F
E Z W R L B A N C V U X E S M
```

AMAZING	DEVOTED	LOVED
BEAUTIFUL	ELEGANT	PROTECTIVE
BLESSED	HARDWORKING	RESOURCEFUL
BRAVE	INSPIRING	SELFLESS
CARING	KIND	

WORD SEARCH #03

all things motherhood

```
R  O  S  I  V  D  A  B  C  O  A  C  H  T  K
E  E  H  O  M  E  V  O  S  R  E  P  A  I  D
S  D  D  S  G  U  H  N  Y  L  I  M  A  F  K
L  S  I  A  F  G  A  D  O  J  N  A  N  M  I
T  E  E  U  E  S  E  I  R  O  M  E  M  I  S
T  A  D  N  G  L  L  N  O  I  T  F  O  A  S
I  G  N  O  I  S  R  G  X  W  A  A  D  Z  E
Y  G  O  T  M  P  N  E  U  S  I  A  C  N  S
D  J  C  B  R  E  P  H  E  Y  H  N  I  V  K
K  G  U  Z  Q  U  L  A  K  H  C  Y  A  W  W
R  G  H  D  M  B  M  O  H  I  C  I  K  S  O
F  N  P  W  H  V  O  S  R  W  I  Y  Y  Z  L
L  L  R  G  F  H  G  Y  X  E  P  F  B  X  N
L  Q  C  L  K  F  J  I  J  G  U  E  X  R  M
R  N  P  A  O  T  J  E  O  F  D  D  N  L  O
```

ADVISOR	FAMILY	KISSES
BONDING	GUIDE	MEMORIES
CHEERLEADER	HAPPINESS	ROLE MODEL
COACH	HOME	TANTRUMS
DIAPERS	HUGS	

WORD SEARCH #04
all things motherhood

```
B  C  H  S  I  R  E  H  C  T  A  D  H  M  R
G  O  H  S  S  E  L  R  A  E  F  P  Z  A  B
M  N  U  A  H  N  G  S  J  V  B  I  Z  G  M
M  P  I  N  L  J  Y  E  D  B  F  H  G  I  E
F  I  H  N  D  L  S  X  L  R  W  N  N  C  L
P  R  I  C  E  L  E  S  S  I  A  Q  D  A  P
Q  G  U  W  F  D  E  N  E  V  V  W  V  L  M
J  I  A  T  H  B  D  S  G  L  Z  E  E  H  C
E  C  I  F  I  R  C  A  S  E  P  Z  R  R  G
Z  Y  J  R  W  R  L  E  M  Q  S  E  I  P  G
M  E  A  N  I  N  G  F  U  L  Q  J  E  G  E
L  A  N  O  I  T  I  D  N  O  C  N  U  L  U
O  K  S  Y  K  D  L  O  Z  W  G  S  D  A  S
Q  V  Z  Z  L  L  J  O  K  O  L  J  B  Z  D
T  Y  W  E  C  P  A  G  Z  F  F  Z  P  R  H
```

BOUNDLESS	MADDENING	REWARDS
CHALLENGES	MAGICAL	SACRIFICE
CHERISH	MEANINGFUL	SLEEPLESS
FEARLESS	PREVILEGE	UNCONDITIONAL
GIFT	PRICELESS	

MAZE #01

Help Mama Michelle find the baby bottle!

MAZE #02

Help Mama Janet find the stroller!

MAZE #03

Help Mama Ebony find her kid's schoolbag!

MAZE #04

Help Mama Kimberly find the laundry basket!

MAZE #05

Help Mama Brianna find her coffee!

MAZE #06

Help Mama Alicia find her make-up kit!

MAZE #07

Help Mama Jada find her glasses!

MAZE #08

Help Mama Mariah find her box of chocolates!

ANSWER KEY

WORD SEARCH #01

A	L	O	O	C	G	E	T	R	A	M	S	
W		O				N	L	L	S	T	R	O	N	G
E			V				I	B	A	T	E	E	W	S
S		E	S	I	W			T	A	I			
O				N				O	I	C		
M					G				D	L	E	
E	R	E	S	P	O	N	S	I	B	L	E	E	P
E	V	I	T	R	O	P	P	U	S			R	S
T	H	O	U	G	H	T	F	U	L		
W	O	N	D	E	R	F	U	L		

WORD SEARCH #02

G	D	E	S	S	E	L	B	C	K	I	N	D
T	N	L	O	V	E	D	E	R	A		
H	N	I				A		A	R	
A	I	A	Z			U			V	I
R	N	P	G	A		T			E	N
D	S		R	E	M		I				G
W	P			O	L	A	F	D	E	T	O	V	E	D
O	I				T	E	U		
R	R			S	E	L	F	L	E	S	S
K	I		L	U	F	E	C	R	U	O	S	E	R
I	N					T		
N	G					I	
G					V	
					E	

WORD SEARCH #03

R	O	S	I	V	D	A	B	C	O	A	C	H
E	E	H	O	M	E		O	S	R	E	P	A	I	D
S	D	D	S	G	U	H	N	Y	L	I	M	A	F	K
L	S	I	A			D					I
T	E	E	U	E	S	E	I	R	O	M	E	M	S
	A	D	N	G	L		N				S
	N	O	I		R	G			E
	T	M	P		E			S
		R	E	P		E
		U	L	A		H
			M	O	H		C
			S	R

WORD SEARCH #04

B	C	H	S	I	R	E	H	C	T			M
G	O	H	S	S	E	L	R	A	E	F		A
	N	U	A		G	S			I	G
	I	N	L		E	D		G	I	C
		N	D	L	S		L	R		C
P	R	I	C	E	L	E	S	S	I	A		A
			D	E	N	E		V	W	L
			D	S	G	L		E	E
E	C	I	F	I	R	C	A	S	E	P		R	R
			M		S	E		P
M	E	A	N	I	N	G	F	U	L		E
L	A	N	O	I	T	I	D	N	O	C	N	U	L
											S

ANSWER KEY

MAZE #01

MAZE #02

MAZE #03

MAZE #04

ANSWER KEY

MAZE #05

MAZE #06

MAZE #07

MAZE #08

Hi there!
If you enjoyed this
coloring book, please
don't forget to leave a
review on Amazon. Just a
simple review will help us
out a lot. Thank you! :)

Also available in this adult coloring book series....

Made in the USA
Columbia, SC
19 April 2025

56840646R00057